KRIBBEL KRABBEL SCHATZ

Eric Carle

KRIBBEL KRABBEL SCHATZ

GERSTENBERG

INHALT

Liebe Leserinnen, liebe Leser,

vor vielen, vielen Jahren habe ich ein Buch mit dem Titel *Die kleine Raupe Nimmersatt* geschrieben und illustriert. Nach der kleinen Raupe wollte ich noch mehr Bücher über kleine Tiere schreiben, die durch all das, was sie tun, Leser jeden Alters inspirieren würden.
Die Ideen für diese Bücher kamen mir zwar nach und nach, aber sie passen dennoch gut zusammen.

Die kleine Spinne spinnt und schweigt handelt von der Arbeit: Auch wenn uns viele Dinge ablenken, mussen wir unsere Aufgaben erfüllen und sie zu einem guten Ende bringen.

Die kleine Grille singt ihr Lied handelt von der Liebe. Grillen und Menschen sind da sehr ähnlich: Sie suchen beide einen passenden Freund und Partner.

In *KLICK musst du machen, kleiner Käfer!* geht es ums Durchhalten. Es fällt uns allen gleich schwer, laufen, sprechen, rennen zu lernen und so vieles mehr – da gilt es weiterzumachen, um richtig gut zu werden!

Das kleine Glühwürmchen handelt von der Zusammengehörigkeit. Wir möchten alle Teil einer Gruppe, einer Familie, einer Gemeinschaft sein.

Ich hoffe, dieser Sammelband mit Geschichten über meine kleinen Lieblingstiere gefällt dir!

Eric Carle

PS: Falls du dich das gefragt hast: *Die kleine Raupe Nimmersatt* handelt von der Hoffnung. Meine kleinen Tiere stehen für mich oft stellvertretend für kleine Kinder. Du wirst – genau wie die kleine Raupe – heranwachsen, die Flügel ausbreiten und in deine Zukunft fliegen!

Für Bill und Phyllis

Die kleine Spinne spinnt und schweigt

Die Sonne scheint. Es weht der Wind. Er nimmt am frühen Morgen schon die kleine Spinne mit sich übers Feld. Am Zaunpfahl eines Bauernhofes bleibt sie mit ihrem feinen, silberhellen Faden hängen …

und fängt gleich an, ihr Netz zu spinnen.

Da kommt das Pferd und sagt: „Jiihiia! Jiihiia! Willst du reiten?“

Die kleine Spinne spinnt und schweigt.

Da kommt die Kuh und sagt: „Muh! Muh!
Magst du Heu und Hafer?“

Die kleine Spinne spinnt und schweigt.

Da kommt das Schaf und sagt: „Bäh! Bäh!
Gehst du mit mir auf die Wiese?“

Die kleine Spinne spinnt und schweigt.

Da kommt die Ziege an und sagt: „Mähähä! Mähähä!
Springst du mit mir über Stock und Stein?“

Die kleine Spinne spinnt und schweigt.

Da kommt das Schwein und sagt: „Nöffnöff! Nöffnöff!
Hast du Lust, im Schlamm zu baden?“

Die kleine Spinne spinnt und schweigt.

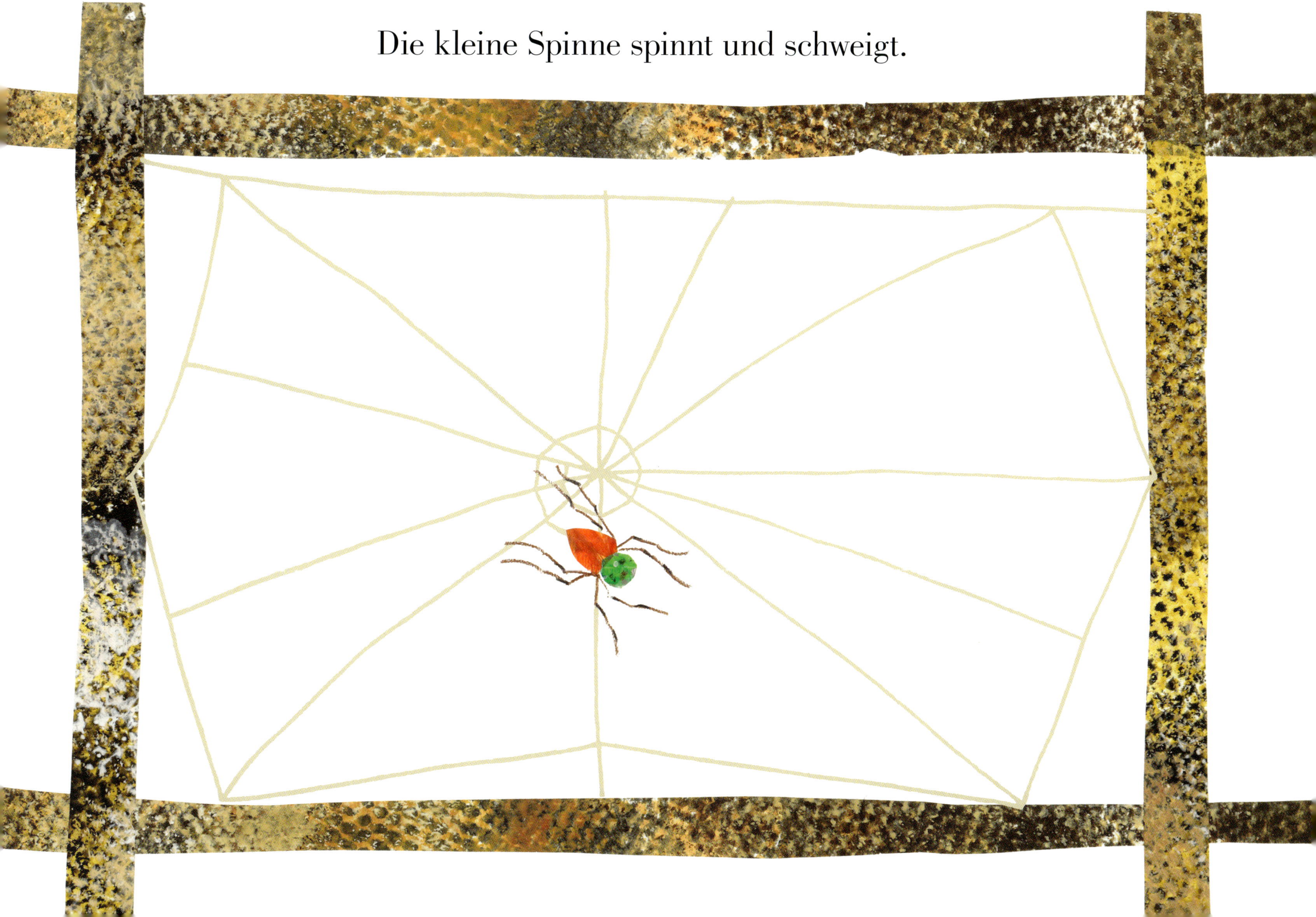

Da kommt der Hund und sagt: „Wau! Wau!
Komm mit, wir jagen jetzt die Katze.“

Die kleine Spinne spinnt und schweigt.

Da kommt die Katze an und sagt: „Miau! Miau!
Wie wär’s mit einem Mittagsschläfchen?“

Die kleine Spinne spinnt und schweigt.

Da kommt die Ente an und sagt: „Quak! Quak!
Gehst du mit mir schwimmen?“

Die kleine Spinne spinnt nicht mehr. Ihr Netz ist fertig.

Da kommt der Hahn und sagt: „Kikerikiii!
Willst du nicht die freche Fliege fangen?“

Die kleine Spinne schweigt und – schwupp!
hat sie die Fliege schon im Netz gefangen. Seht!

Da kommt die Eule an und sagt: „Huhuuu! Huhuuu! Wer hat das schöne Netz gesponnen?“ Die kleine Spinne schweigt. Sie schläft bereits.

Es ist für sie ein arbeitsreicher Tag gewesen.

Spinnennetz-Irrgarten

Spinnen spinnen knifflige, raffinierte Netze, um darin Fliegen und andere Insekten zu fangen, genau wie die Spinne in dieser Geschichte. Manchmal sind die Netze so verwickelt und verzwickt, dass man die gefangenen Fliegen kaum erreichen kann.
Hilfst du der Spinne auf der nächsten Seite durch ihr Spinnennetz, um zu der blauen Fliege zu gelangen, die sich im Netz verfangen hat? Oder zu der grünen Fliege? Oder zur roten Fliege?

START

So macht man essbare Spinnen

Die Spinne ist tagaus, tagein schwer beschäftigt.
Und hier ist eine tolle Beschäftigung für dich: Du kannst kleine Knabbereien herstellen.

Was du dafür brauchst:

1 großes Tablett oder 1 großen Teller
1 Geschirrtuch
1 Tütchen mit dünnen Salzstangen
1 Tütchen mit Minireiswaffeln (Maiswaffeln gehen natürlich auch – oder mit einer kreisrunden Plätzchenform ausgestochene Brotscheiben)
eventuell 1 Gabel

Und so geht's:

1. Stelle das Tablett oder den Teller bereit, damit du die fertigen Spinnen dort ablegen kannst.
2. Breite das Geschirrtuch vor dir aus, um darauf die Spinnen zu basteln.
3. Nimm ein paar Salzstangen und breche sie entzwei, sodass die einzelnen Stücke etwa 5 Zentimeter lang sind. Für jede Spinne benötigst du acht 5-Zentimeter-Stücke.
4. Lege eine Minireiswaffel vor dir auf das Geschirrtuch.
5. Bohre ganz vorsichtig je vier Salzstangenstücke in den Rand der Reiswaffel. Das werden die Spinnenbeine, sie dürfen also gern nah beieinandersitzen. (Vielleicht ist die Reiswaffel zu fest gebacken; mit einer Gabelzinke kannst du kleine Löcher vorbohren.)
6. Nimm dir noch eine Salzstange und breche zwei kleine Stücke davon ab, die du in die Oberseite der Reiswaffel steckst. Das sind die Augen der Spinne.
7. Lege die Spinne vorsichtig auf das Tablett oder den Teller.
8. Wenn deine Minireiswaffeln aufgebraucht sind, möchtest du die fertigen Spinnen bestimmt deinen Freunden oder deiner Familie anbieten und sie gemeinsam essen – vielleicht während ihr zusammen *Die kleine Spinne spinnt und schweigt* lest!

So spinnst du ein Spinnennetz aus Wollfäden

Was du dafür brauchst:

1 alte Zeitung
4 Holzspatel oder Eisstiele
1 Flasche Bastelkleber
1 Wollknäuel (oder 2, wenn du ein zweifarbiges Netz haben möchtest)
1 Bastelschere

Und so geht's:

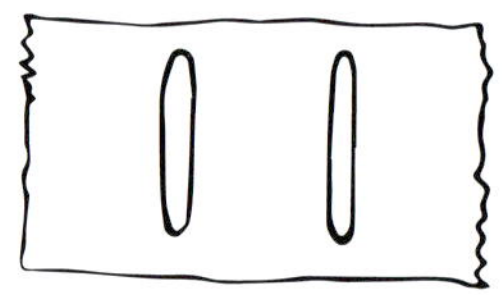

1. Breite die Zeitung vor dir aus. Das ist deine Bastelunterlage.
2. Lege zwei Holzspatel nebeneinander auf die Zeitung.

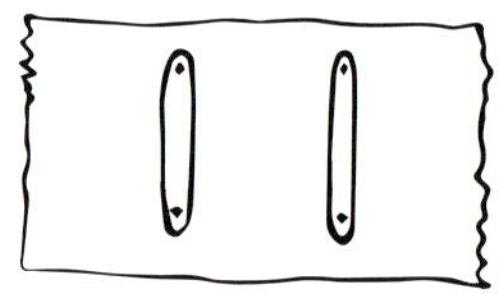

3. Tropfe vorsichtig Kleber auf die Enden der beiden Holzspatel.
4. Nimm die zwei anderen Holzspatel und lege die Enden auf die Klebertropfen, sodass ein Holzspatel-Viereck entsteht. Das muss gut trocknen.

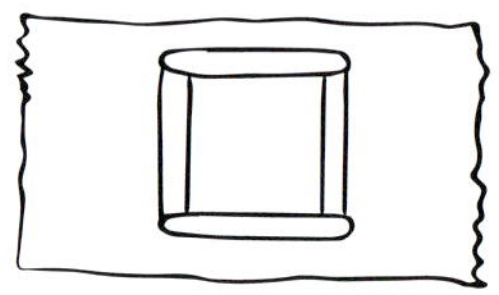

5. Schneide vom Wollfaden vier Stücke in der doppelten Länge eines Holzspatels zurecht.

6. Knote erst ein Stück Wollfaden um die Mitte des oberen und des unteren Holzspatels. Dann knote einen zweiten Faden jeweils um die Mitte der seitlichen Holzspatel. (Die Fäden bilden ein Pluszeichen.)
7. Knote den dritten Wollfaden an die obere linke und an die untere rechte Ecke, sodass er diagonal über das Viereck verläuft. Zuletzt knote den vierten Wollfaden in die obere rechte und in die untere linke Ecke. (Diese beiden letzten Wollfäden sehen aus wie ein X.)

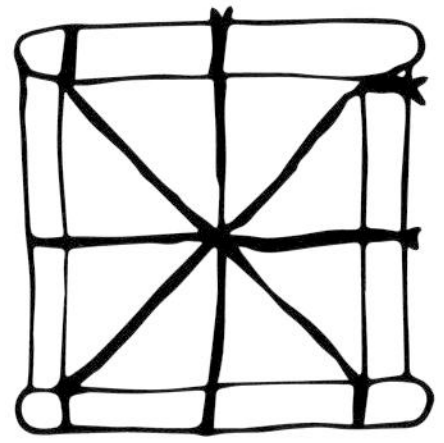

8. Schneide die überstehenden Wollreste über den Knoten ab.
9. Schneide jetzt einen neuen, extralangen Wollfaden ab: Er sollte mindestens die fünffache Länge eines Holzspatels haben.
10. Knotc das Endc an cincn dcr frühcrcn Wollfädcn – cin Stückchen von der Stelle entfernt, wo sich das Pluszeichen und das X in der Mitte berühren.

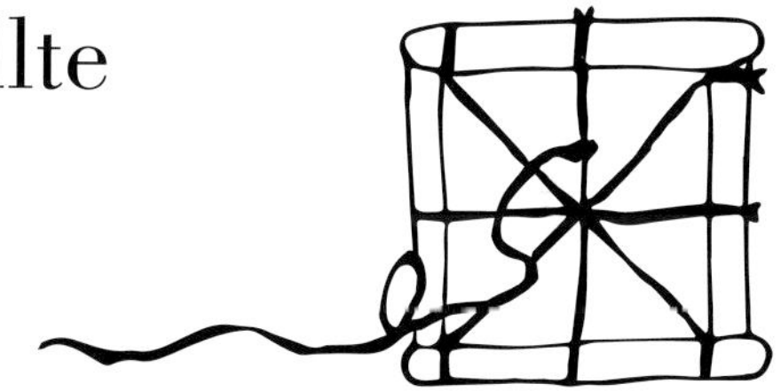

11. Nun kannst du mit dem langen Wollfaden dein Netz spinnen: Knote ihn um jeden Faden, der an den Holzspateln befestigt ist, und arbeite dich Stück für Stück nach außen vor. Wenn der lange Faden aufgesponnen ist, hast du ein wunderschönes Spinnennetz!

Für Sally und Bob

Die kleine Grille singt ihr Lied

Die Sonne schien.
Der Tag war warm.
Aus einem kleinen Ei
schlüpfte eine Grille.

Es war ein Männchen.
Wir wollen es Varus
nennen.

„Sei willkommen!“, zirpte ein alter Grillerich,
indem er seine Flügel blitzschnell aneinanderrieb.

Varus wollte etwas sagen, konnte es aber nicht.
Wie sehr er mit seinen Flügeln auch hibbelte,
wie schnell er damit auch ribbelte,
es kam kein Ton heraus.

„Guten Morgen!“, wisperte eine Wanderheuschrecke.
Sie kam von weit her angeflogen.

Varus wollte etwas sagen, konnte es aber nicht.
Wie sehr er mit seinen Flügeln auch hibbelte,
wie schnell er damit auch ribbelte,
es kam kein Ton heraus.

„Hallo!“, flüsterte gierig eine Fangschrecke.
Wie immer hielt sie ihre Vorderbeine fangbereit.

Varus wollte etwas sagen, konnte es aber nicht.
Wie sehr er mit seinen Flügeln auch hibbelte,
wie schnell er damit auch ribbelte,
es kam kein Ton heraus.

„Guten Tag!“, grüßte schmatzend ein Wurm. Er hatte sich gerade durch einen Apfel hindurchgefressen.

Varus wollte etwas sagen,
konnte es aber nicht.
Wie sehr er mit seinen Flügeln
auch hibbelte, wie schnell er
damit auch ribbelte, es kam
kein Ton heraus.

„Na, du da!“, blubberte ihn eine Schaumzikade an,
die auf einem Berg von weißen Blasen herumkrauchelte.

Varus wollte etwas sagen, konnte es aber nicht.
Wie sehr er mit seinen Flügeln auch hibbelte,
wie schnell er damit auch ribbelte,
es kam kein Ton heraus.

„Schönen Nachmittag!“, trillerte eine Singzikade vom Zweig eines Baumes herunter.

Varus wollte etwas sagen, konnte es aber nicht.
Wie sehr er mit seinen Flügeln auch hibbelte,
wie schnell er damit auch ribbelte,
es kam kein Ton heraus.

„Wie geht's?", wollte eine grummelnde Hummel wissen, während sie Blüte für Blüte nach Honig absuchte.

Varus wollte etwas sagen, konnte es aber nicht.
Wie sehr er mit seinen Flügeln auch hibbelte,
wie schnell er damit auch ribbelte,
es kam kein Ton heraus.

„Guten Abend!“, surrte eine Libelle.
In flirrendem Flug glitt sie über das Wasser dahin.

Varus wollte etwas sagen, konnte es aber nicht.
Wie sehr er mit seinen Flügeln auch hibbelte,
wie schnell er damit auch ribbelte,
es kam kein Ton heraus.

„Gute Nacht!“, summten die Moskitos. Schwerelos tanzten sie vor dem nächtlichen Sternenhimmel.

Varus wollte etwas sagen, konnte es aber nicht. Wie sehr er mit seinen Flügeln auch hibbelte, wie schnell er damit auch ribbelte, es kam kein Ton heraus.

Ein Kometenfalter schwebte heran. Er zog lautlos seine Bahn und sagte nichts. Varus freute sich über die Stille.

Und in diesem Augenblick war es, dass Varus Vera sah. Vera war ein Grillenweibchen. Regungslos und schweigsam saß sie im Gras.

Wieder wollte Varus etwas sagen – und diesmal konnte er es.
Als er mit seinen Flügeln heftig hibbelte und sie kräftig aneinanderribbelte, erklang sein Lied.

Und es war das schönste Lied, das Vera je gehört hatte.

Finde die unterschiedlichen Grillen!

Es gibt auf der Welt mehr als zweitausend verschiedene Grillenarten. Einige leben unter der Erde, andere darüber. Ein paar leben in Büschen und Bäumen, andere sogar im Wasser.
Sowohl männliche als auch weibliche Grillen können hören, aber nur die Grillenmännchen machen Geräusche. Sie zirpen, indem sie die Flügel kräftig übereinanderreiben. Manche Menschen sagen, dass das wie ein Lied klingt!
Die Grille in dieser Geschichte hat zwei lange Fühler, zwei rote Augen, sechs Beine und zwei Flügel.
Findest du die Grillen, die anders aussehen als die Grille aus unserer Geschichte?

Antworten: a, b, c, d, e

So macht man hummelgelbe Honigkugeln

In *Die kleine Grille singt ihr Lied* trifft die Grille auf eine Hummel. Hummeln gehören zur Bienenfamilie und können, genau wie ihre Verwandte, die Honigbiene, selbst Honig produzieren.
Hier kannst du honigsüße Hummeln selber machen.

Was du dafür brauchst:

1 Schneidebrett und 1 Küchenmesser
1 Sieb
1 Schüssel zum Abwiegen der Zutaten und Vermengen des Teiges
1 Löffel
1 großen flachen Teller zum Anrichten
5–6 getrocknete Aprikosen (am besten geschwefelte, die sind so schön hummelgelb!)
30 g Leinsamen
80 g Haferflocken
60 g gemahlene Mandeln
40 g Kokosraspeln (oder andere gemahlene Nüsse oder noch mal Mandeln)
1 Zitrone (Abrieb von der Schale und den ausgepressten Saft)
3 Esslöffel Honig (ca. 40 g)

Und so geht's:

1. Schneide die getrockneten Aprikosen auf dem Schneidebrett vorsichtig in kleine Stücke. Weiche sie dann kurz in warmem Wasser ein und tropfe sie anschließend gut ab.
2. Weiche danach die Leinsamen kurz in warmem Wasser ein. Lasse sie ebenfalls gut abtropfen.
3. Gebe die Aprikosenstücke mit den Haferflocken, Leinsamen, gemahlenen Mandeln, Kokosraspeln, dem Zitronensaft, Honig und, wenn du magst, Zimt in die Schüssel und vermenge die Zutaten mit einem Löffel zu einem klebrigen Brei. (Mit einer Küchenmaschine geht es leichter.)
4. Befeuchte deine Hände mit etwas Wasser. Löffle dann kleine Portionen aus dem Teig und forme sie zu Kugeln. Richte die Kugeln auf einem Teller an.
5. Ziehe mit der Schokolade aus der Tube 3 schwarze Streifen über die kugeligen Hummeln.
6. Streue anschließend etwas geriebene Zitronenschale über die Schokolade.
7. Die fertigen Kugeln – es werden je nach Größe etwa 15 – solltest du für mindestens eine Stunde in den Kühlschrank legen.
8. Dann darfst du sie zusammen mit deinen Freunden und deiner Familie genießen! (Und vielleicht dabei *Die kleine Grille singt ihr Lied* lesen.)

So baust du ein Grilleninstrument

Was du dafür brauchst:

alte Zeitung
1 Schuhkarton
1 Bastelschere
1 Tütchen mit Gummiringen (mindestens 4)
1 Wasserfarbkasten und 1 Wasserglas
1 Pinsel

Und so geht's:

1. Lege das Zeitungspapier vor dir auf dem Tisch oder Boden aus.
2. Schneide aus dem Deckel des Schuhkartons ein kreisrundes Loch etwa in der Größe der Öffnung eines Bechers oder großen Trinkglases. (Vielleicht kann dir ein Erwachsener dabei helfen.)

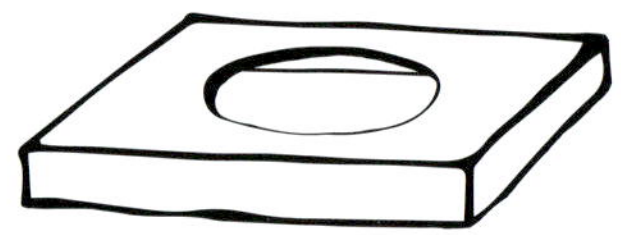

3. Nehme vier Gummiringe und ziehe sie längs über den unteren Teil des Schuhkartons. Schiebe die Gummiringe zusammen, sodass sie nebeneinanderliegen, sich aber nicht berühren. (Das sind die Saiten deines Instruments.)

4. Stülpe den Deckel auf den Karton. Durch die kreisrunde Öffnung solltest du sämtliche Saiten sehen.

5. Bemale deinen Schuhkarton nach Lust und Laune (nur nicht die Saiten, die du durch das Loch siehst).
6. Lass die Wasserfarbe gut trocknen.
7. Wenn du dann an den Saiten zupfst, kannst du auf deinem Grilleninstrument schöne Musik machen!

Für Leslie und Paul

KLICK musst du machen, kleiner Käfer!

Eines wunderschönen Morgens beschloss ein junger Schnellkäfer, hinaus in die Welt zu gehen.

Als es Mittag war, kletterte er
an einer Blume herauf und herunter.

Am Nachmittag stöberte er in einem Haufen Steine herum.

Am Abend krabbelte er zwischen den hohen Grashalmen umher.

Und als es dunkel wurde,
kroch der kleine Käfer
auf einen Baum.
Nach einer Weile wurde er müde
und fiel herunter auf die Erde.
Er landete auf dem Rücken.
Der kleine Schnellkäfer
versuchte mit aller Kraft,
wieder auf die Füße zu kommen.
Aber es wollte nicht gelingen.
„HILFE!“, rief er da.

Die ganze Zeit über hatte
ein weiser alter Schnellkäfer
dem kleinen Käfer zugesehen
„Morgen werde ich dir beibringen,
wie du dich mit einem Klick
in die Luft schnellen kannst und
wie du auf deinen Füßen landest“,
sagte der weise alte Schnellkäfer.
„Doch jetzt solltest du
schlafen gehen. Gute Nacht!“

Am nächsten Morgen sagte der weise alte Schnellkäfer:
„Guck mir zu, dann siehst du, wie es geht."
Er drehte sich auf seinen Rücken.
Und dann, mit einem lauten KLICK! …

… schnellte er durch die Luft
und landete auf seinen Füßen.
„Jetzt probier du es!“,
sagte der weise alte Käfer.

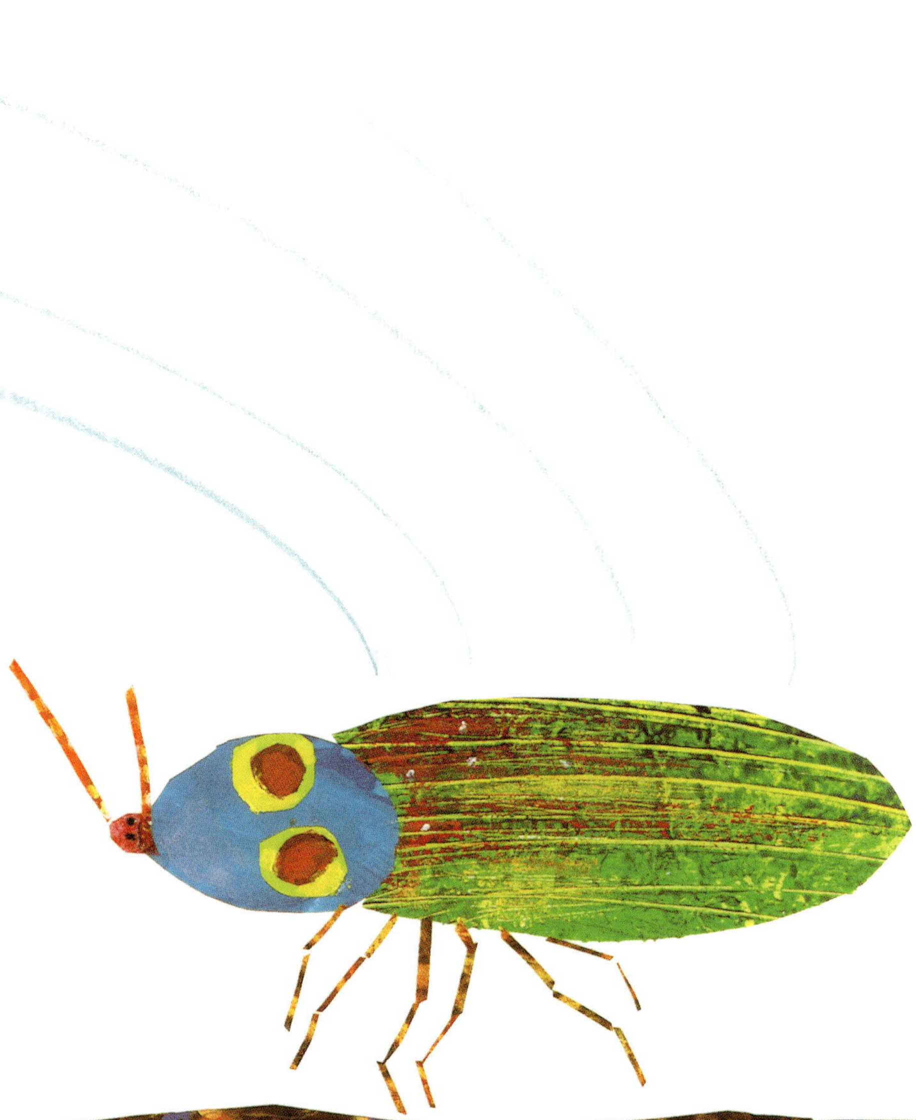

„Danke, das ist ja ganz einfach“, erwiderte der kleine Schnellkäfer.
In diesem Augenblick steckte ein Regenwurm seinen Kopf aus der Erde.
„Du musst mir zugucken!“, sagte der kleine Käfer.

Und dann, mit einem lauten KLICK! …

… schnellte er durch die Luft.

Aber er landete auf dem Rücken.
„Wie tollpatschig von mir!“, sagte der kleine Schnellkäfer.
Gerade da kam eine Schildkröte vorbeigewackelt.
„Mehr Glück beim nächsten Mal“, sagte die Schildkröte.
„Nur nicht aufgeben!“
„Du musst mir zugucken“, sagte der kleine Käfer.

Und dann, mit einem lauten KLICK! …

… schnellte er durch die Luft.

Aber er landete auf dem Rücken.
„Wie tollpatschig von mir!“, sagte der kleine Schnellkäfer.
Gerade da glitt eine Schnecke vorbei.
„Keine Sorge“, sagte die Schnecke. „Du schaffst es!“
„Du musst mir zugucken“, sagte der kleine Käfer.

Und dann, mit einem lauten KLICK! …

… schnellte er durch die Luft.

Aber er landete auf dem Rücken.
„Wie tollpatschig von mir!“, sagte der kleine Schnellkäfer.
Gerade da huschte eine Maus vorbei.
„Du musst noch ein bisschen üben!“, sagte die Maus.
„Du musst mir zugucken“, sagte der kleine Käfer.

Und dann, mit einem lauten KLICK! …

… schnellte er durch die Luft.

Aber er landete auf dem Rücken.
Gerade da … Oje, was war denn das?
Der kleine Schnellkäfer hatte
noch nie so etwas Großes gesehen.
Er konnte sich nicht mehr rühren.
Er hatte Angst.

„Mach schnell KLICK!“,
rief der weise alte Käfer,
der alles mit angesehen hatte.

Und der kleine Schnellkäfer machte KLICK! und schnellte durch die Luft.

Aber diesmal machte er drei wunderschöne Saltos und …

… landete auf den Füßen.

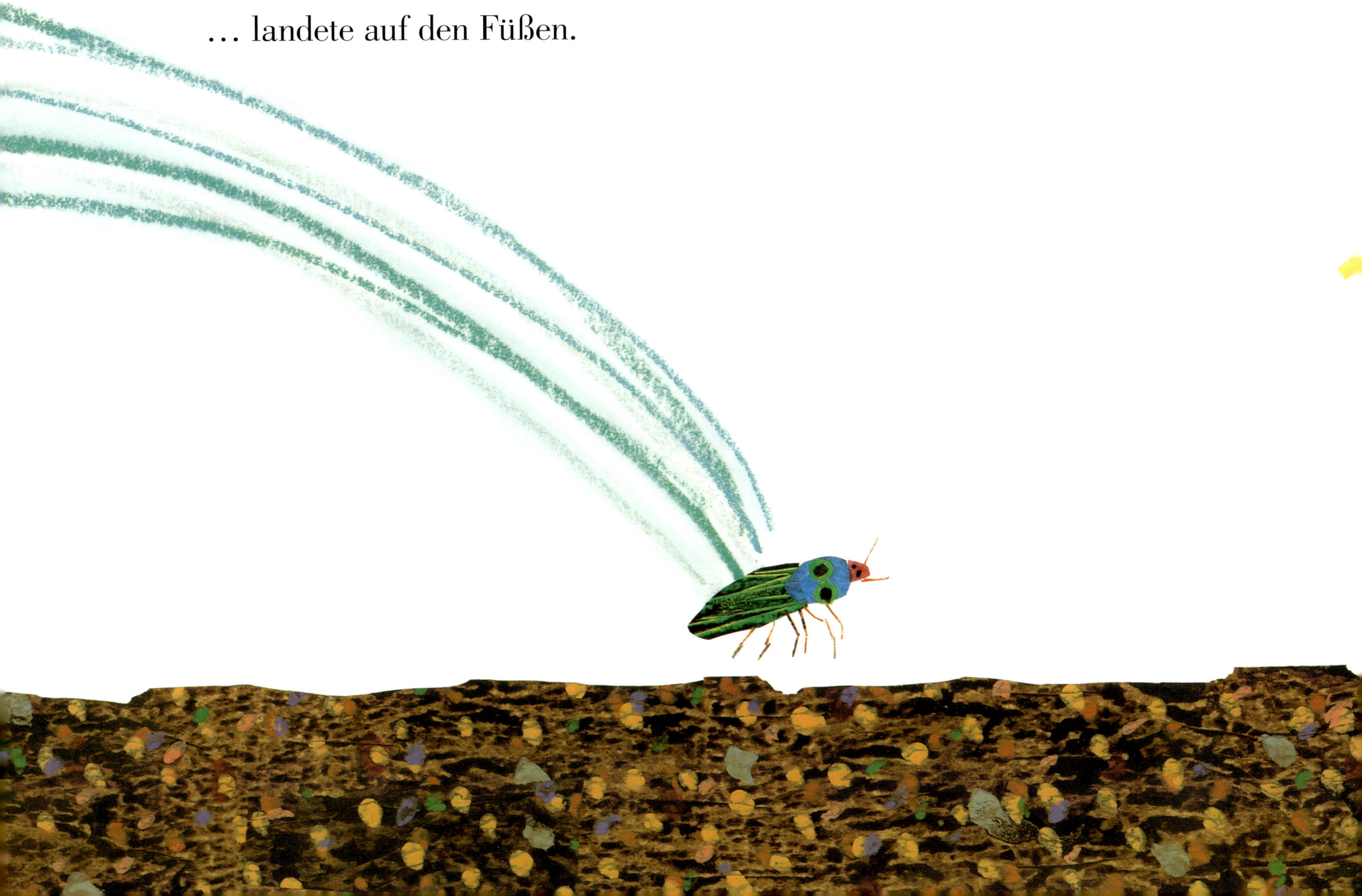

„Guck mal einer an!“, rief der weise alte Schnellkäfer. „Du hast es geschafft!“

Zeigst du den Freunden den Weg?

Schnellkäfer sind klein und ein bisschen unbeholfen. Wenn einer auf den Rücken fällt, kann er sich nicht einfach auf den Bauch rollen und so wieder auf die Beine kommen. Stattdessen streckt er sich und löst einen Mechanismus aus, der an eine Sprungfeder erinnert. Diese „Sprungfeder“ sitzt unter seiner Brust. Wenn sie betätigt wird, macht es hörbar „Klick!“, und der Käfer schnellt durch die Luft. Wenn er Glück hat, landet er auf seinen Füßen. Wenn er weniger Glück hat, versucht er es noch einmal und noch einmal, bis es klappt. Weltweit gibt es über achttausend Arten von Schnellkäfern. Einige davon leben auch bei uns. Der Schnellkäfer in diesem Buch ist eine fantasievolle Wiedergabe des Alaus oculatus. Dieser „Augen-Schnellkäfer“ hat seine richtigen Augen an seinem kleinen Köpfchen. Die großen „Augen“ auf seinem Rücken sind nur ein Muster, mit dem er Vögel, Schlangen und andere Feinde hinters Licht führt und abschreckt.
Aber natürlich schreckt er damit nicht seine Freunde ab. Kannst du die Wege auf der gegenüberliegenden Seite verfolgen, damit sie zu ihrem Freund finden?

So macht man Bananensonnen

Was du dafür brauchst:

1 Banane
1 Schneidebrett
1 Küchenmesser
1 Packung mit runden Plätzchen
(z. B. Eierplätzchen oder Digestives)
1 Teller
3–4 Esslöffel Aprikosenmarmelade

Und so geht's:

1. Schäle die Banane.
2. Lege sie seitlich auf dein Schneidebrett.
3. Schneide die Banane in gut 1 Zentimeter dicke Scheiben. (Das ergibt etwa 15 Scheiben.)
4. Nimm so viele Plätzchen aus der Packung, wie du Bananenscheiben hast.
5. Lege die Plätzchen vor dir auf den Teller.
6. Lege je eine Bananenscheibe auf ein Plätzchen.
7. Kleckse ein bisschen Marmelade auf die Bananenscheibe.
8. Lass es dir schmecken! (Und lies vielleicht dabei *KLICK musst du machen, kleiner Käfer!*)

So baust du eine Schnellkäferrakete

Was du dafür brauchst:

2 Pappbecher
1 Bastelschere
2 Gummiringe
1 schwarzen Filzstift

Und so geht's:

1. Nimm den ersten Becher und schneide dort, wo auf einer Uhr die 12, 3, 6 und die 9 zu finden wären, den oberen Rand ganz leicht ein (maximal 1 Zentimeter tief).

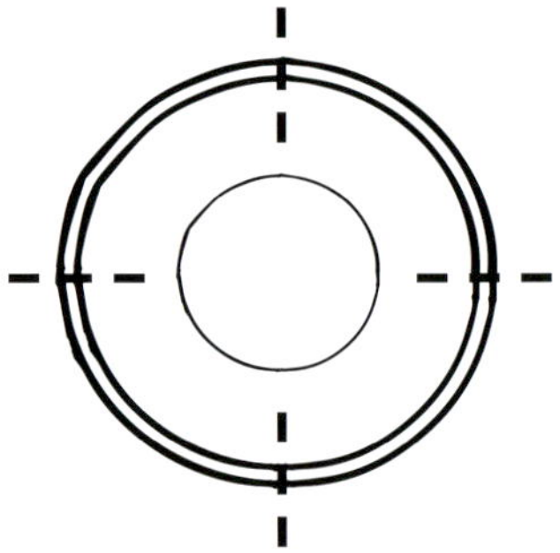

2. Schneide die beiden Gummiringe auf, sodass es keine Ringe mehr sind, sondern Gummischnüre.
3. Mache je zwei Knoten an die Enden der beiden Gummischnüre.
4. Schiebe die Gummischnüre in die jeweils gegenüberliegenden Einschnitte im Becherrand, sodass die Knoten außen aufliegen und in der Mitte ein Pluszeichen bilden. (Wenn außen an den Knoten Gummischnur überhängt, kannst du die abschneiden.)

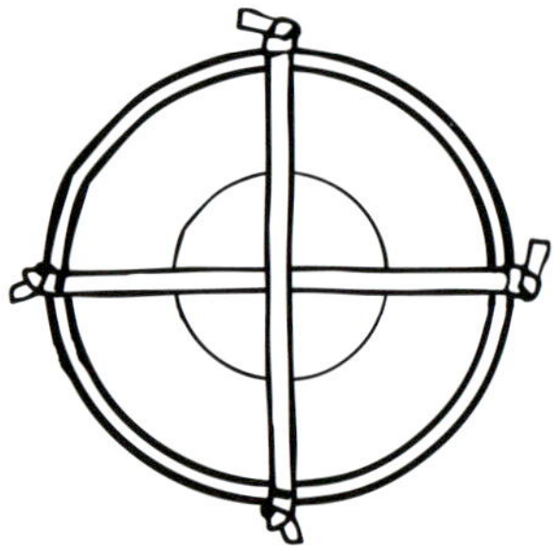

5. Male mit dem Filzstift „zur Abschreckung“ zwei große Augen auf die Seite des Bechers mit den Gummischnüren, sodass der Becher aussieht wie ein Schnellkäfer.
6. Stelle den unbenutzten Becher mit der Öffnung nach unten vor dir auf den Boden.
7. Halte nun den Schnellkäferbecher mit den Gummischnüren nach unten am Becherrand fest und drücke ihn auf den zweiten Becher, der vor dir auf dem Boden steht.
8. Lass los und sieh zu, wie dein Schnellkäfer durch die Luft schnellt!

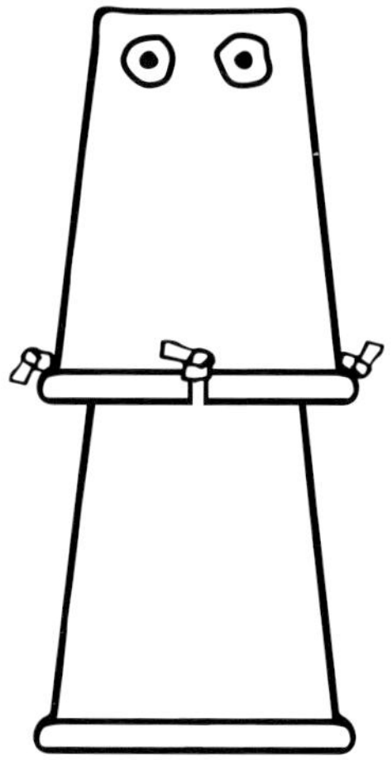

Das kleine Glühwürmchen

Für Tom Morrison

Als die Sonne unterging, wurde das kleine Glühwürmchen geboren. Mit Schwung breitete es seine Flügel aus und flog in die Nacht hinein.

Es fühlte sich allein, leuchtete umher und suchte nach anderen Glühwürmchen.

Da sah das Glühwürmchen ein Licht und flog ihm entgegen.

Aber ach, es war kein anderes Glühwürmchen. Es war eine Glühlampe, die mit ihrem Licht ins Dunkel strahlte.

Hörst du das?

Wieder sah das Glühwürmchen ein Licht und flog ihm entgegen.

Aber ach, es war kein anderes Glühwürmchen. Es war eine Kerze, die mit ihrem Licht ins Dunkel strahlte.

Was ist da los?

Wieder sah das Glühwürmchen ein Licht und flog ihm entgegen.

Aber ach, es war kein anderes Glühwürmchen. Es war eine Taschenlampe, die mit ihrem Licht ins Dunkel strahlte.

Da ist nichts!

Wieder sah das Glühwürmchen ein Licht und flog ihm entgegen.

Aber ach, es war kein anderes Glühwürmchen. Es war eine Laterne, die mit ihrem Licht ins Dunkel strahlte.

Hee! Hört auf!

Wieder sah das Glühwürmchen Lichter und flog ihnen entgegen.

Aber ach, es waren keine Glühwürmchen. Es war ein Hund,

Grrrr
Wau Wau

es war eine Katze,

und es war eine Eule.

In ihren Augen spiegelte sich
das Licht der Glühbirne,
das Licht der Kerze,
das Licht der Taschenlampe,
das Licht der Laterne.

Uhuuu

Wieder sah das Glühwürmchen Lichter leuchten und flog ihnen entgegen.

Aber ach, es war kein anderes Glühwürmchen. Es waren die Scheinwerfer eines Autos, die mit ihrem Licht ins Dunkel strahlten.

Oooh!
Toll!
Wunderschön!

Wieder sah das Glühwürmchen
Lichter im Dunkeln leuchten
und flog ihnen entgegen.

Aber ach, es waren keine
anderen Glühwürmchen.
Es waren Feuerwerkskörper,
die im Dunkeln zerplatzten,
zerglühten, zersprühten.

Als alles wieder still und dunkel
war, flog das Glühwürmchen
weiter, leuchtete umher
und suchte nach anderen
Glühwürmchen. Und da sah es
auf einmal das, wonach es
suchte:

einen Schwarm Glühwürmchen,
die im Dunkeln leuchteten und
blinkten.

Nun war das Glühwürmchen
nicht mehr allein.

Wo ist das Glühwürmchen?

Glühwürmchen sind in Wirklichkeit keine Würmer, sondern Käfer mit weichem Hinterleib. Sie haben an einem Teil ihres Körpers Leuchtstoffe, mit denen sie in der Dunkelheit leuchten und blinken, um sich bei anderen Glühwürmchen bemerkbar zu machen. Glühwürmchen glühen auch nicht, denn das Licht, das sie ausstrahlen, ist kalt, ohne jegliche Wärme, was Wissenschaftlern lange Zeit Rätsel aufgab. Es gibt ungefähr zweitausend verschiedene Arten von Glühwürmchen auf der Erde und bei uns leben drei davon.
Findest du das Glühwürmchen, das sich auf der gegenüberliegenden Seite versteckt?

So macht man einen Glühwürmchen-Smoothie

Das Glühwürmchen leuchtet nachts orangegelb. Wenn du diesen Smoothie aus einem Glas trinkst, sieht er aus wie das Licht des Glühwürmchens!

Was du dafür brauchst:
1 Küchenmesser
1 Schneidebrett
2 Bananen
1 Orange
1 Mixer oder einen Pürierstab
2 kleine Becher Naturjoghurt (insgesamt 200 g)
½ Glas Orangensaft

Und so geht's:

1. Schäle und schneide die Bananen und die Orange auf dem Schneidebrett. Vielleicht hilft dir ein Erwachsener dabei.
2. Die Stücke kommen in den Mixer.
3. Gieße anschließend den Joghurt darüber.
4. Und das halbe Glas Orangensaft.
5. Mixe alles, bis es schön gleichmäßig durchgemischt ist. Wenn du einen Pürierstab benutzt, lass dir von einem Erwachsenen helfen.
6. Gieße die Mischung in Gläser und lass sie dir schmecken! (Ganz besonders, während du *Das kleine Glühwürmchen* liest.)

So bastelst du dir ein Glühwürmchen

Was du dafür brauchst:

1 alte Zeitung
1 kleine Papiertüte
3 Stück Bastelkarton (grün, rot und orange)
Filzstifte
1 Bastelschere
1 Flasche Bastelkleber
1 Taschenlampe
1 Gummiring

Und so geht's:

1. Breite die Zeitung vor dir aus – so ist dein Basteltisch oder der Fußboden gut geschützt.
2. Lege die Papiertüte so vor dich hin, dass der umgeklappte Tütenboden nach oben und von dir weg weist.
3. Schneide ein kreisrundes Stück aus dem grünen Bastelkarton und klebe es auf den Tütenboden.

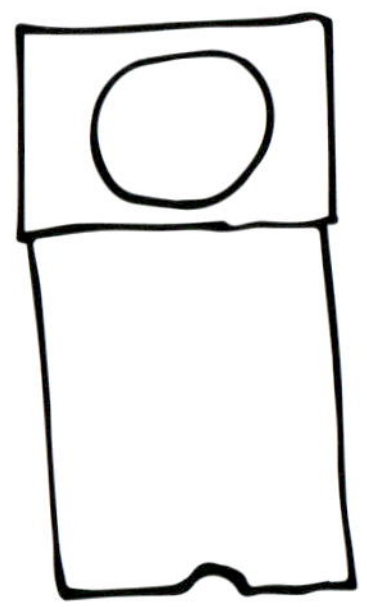

4. Male mit deinen Filzstiften zwei Augen und einen Mund darauf.
5. Schneide vier Flügel aus dem roten Bastelkarton und klebe je zwei davon auf jede Seite (nicht in den Falz) der Papiertüte.
6. Schneide anschließend sechs Beine und zwei Fühler aus dem orangefarbenen Bastelkarton aus und klebe sie an die entsprechenden Stellen auf deiner Glühwürmchentüte – und zwar so, dass zur Öffnung der Tüte noch knapp 10 Zentimeter Abstand bleibt.
7. Lass den Bastelkleber gut trocknen.
8. Stülpe die Glühwürmchentüte über die Taschenlampe, sodass das Taschenlampenlicht aus der Tütenöffnung weist.
9. Wickle den Gummiring um die Tütenöffnung, damit die Tüte fest auf der Taschenlampe sitzt.
10. Knipse die Taschenlampe an und wieder aus, sodass sie blinkt wie das Glühwürmchen aus unserer Geschichte.

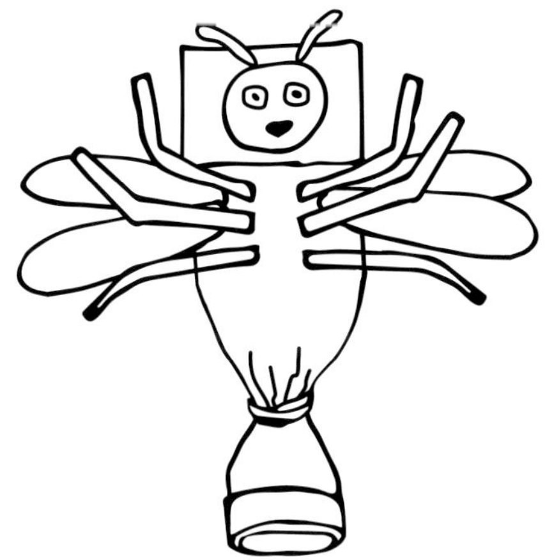

Alles von der kleinen Raupe Nimmersatt im Buchhandel
oder unter **www.die-kleine-raupe-nimmersatt.de**.
Weitere Informationen finden Sie in der Rubrik *Kindergarten und Schule* unter **www.gerstenberg-verlag.de**.

1. Auflage 2021

Aus dem Englischen von
Viktor Christen (Die kleine Spinne spinnt und schweigt, Die kleine Grille singt ihr Lied, Das kleine Glühwürmchen),
Edmund Jacoby (KLICK musst du machen, kleiner Käfer!) und
Leena Flegler (Autorenbrief und Aktivitätsseiten)

Printed in Slovenia
ISBN 978-3-8369-6094-6